Ursula Holthausen

Parkblaues

Gedichte

Aquarelle
von
Ulrike Schmidt

Weyers Druck & Verlag

Inhaltsverzeichnis

Viel Freude
beim «Gedanken-
spaziergang»
mit Parkblaues!

Winterberg, 28. Oktober
2007

Ursula Holblausen

»Parkblaues« lädt ein zum Schauen
und Lesen, zum Blättern
und Verweilen - zu einem
Gedankenspaziergang voller
Poesie im naturverbundenen
Jahreskreis.

37 Gedichte und Aquarelle regen
an zum Loslassen und
stimmen ein auf eigene
erweiternde Interpretationen.

Leicht und munter wie ein
Sauerländer Bergquell sind
viele Verse lyrische Kostbarkeiten -
künstlerisch ergänzt
durch einfühlsame Aquarelle.

Vogelbeerensorbet

Ringsherum tiefer Schnee -
oben am Baum
letztes Beerensorbet.

Dem Plusterbällchen,
grau-braun gefleckt,
hat es wunderbar geschmeckt.

Schlittenfahren

Schnee wie nie
und Sonne pur -

nur - einige stören
unser Vergnügen.

Null-Bock-Spuren ziehen
ihre Bobs in die Bahn.

Wann malt die Schneesonne
Glanz auf alle Gesichter?

Winterabschied

Oben hat die Sonne
die Ilexblätter grün geleckt.

Da ist wieder der Tisch gedeckt,
und mit Wonne

verspeisen die kleinen Meisen
leckeres Geziefer.

Tiefer feiern sie Winterabschied
auf ihre Weise:

Sie drehn sich im Kreise,
flattern und fliegen,

daß die Weißwolken
stieben.

So driften sie munter
die Zweige hinunter

in einen See und noch einen See
aus letztem firnigen Schnee.

Winter - Melancholie

Schnee - nur noch feuchter Papp
Eisreste - gefährlich glatt
Wege - matschignaß
aus der Winterspaß

Himmel - verhangen grau
Parks - ohne Gelb und Blau
Stadt - voller Melancholie
träumt Frühlingsmelodie

Schneeglöckchen

Unter der Hecke wieder
die Schneeglöckchen blühn:
ganz zart und weiß-grün.

Pflück ich ein Sträußchen
oder laß ich sie stehn?

Endlich wieder
die Schneeglöckchen blühn!

Die Stare sind da

An einem Abend im Februar
hör ich sie fröhlich schwatzen.

An einem Abend im Februar -
so flöten bestimmt nicht die Spatzen!

Ich eile hinaus und lausche dem Paar
an einem Abend im Februar.

Pflück dir den Frühling

Vor dir
frisch und fein
der Frühling

Pflück,
bevor ihn der Sommer
verblüht!

Maigrün

Grün satt -
von hochglänzend bis matt.
Vor dunklem
Fichten-Kieferngrün
die hellen
Birken, Lerchen stehn.
Und Eschen
mischen auch noch mit.
Wie Kupfer
treiben Eichen aus.
Die Buchen ...

Bleib doch nicht zu Haus!
Genieß
in der Natur die
Grünpalette pur!

Die Stunde der Katze

Das ist die
Stunde der Katze,
wenn die Dämmerung
schleicht herbei -

Wenn verstummendes
Vogelgezwitscher
plötzlich anschwillt
zum Schrei.

Ich klatsche laut
in die Hände
und schimpfe
auch noch dazu -

Dann hat der
Spuk ein Ende,
und die Amseln
finden Ruh.

Spielerei im Monat Mai

In einer Nacht
im Monat Mai
ein dicker Käfer
surrt herbei,

umschwirrt das Licht,
berührt es, fällt -
und - läßt sich schnappen.
Nachtischhappen?

Der Hund gibt bald
ihn wieder frei -
nur Spielerei
im Monat Mai!

Jeans waschen - Tierarzt wegen Laska - Einkaufen Supermarkt/Metzger/Bäcker - Anorak zum Reinigen geben - Menü vorbereiten - Gästebetten beziehen - Blumen arrangieren - PUTZEN! - Telefonieren, Tochter - Sohn - Eltern - Protokoll schreiben ...

Loslassen

Du mußt dich loslassen,
einfach loslassen können!

Stell dich nicht
dir selbst in den Weg!

Mach dich zu
dir selbst auf den Weg!

Geh deinen Weg,
doch ändere mal ein Ziel!

Nimm in dich auf
auch neue Impulse!

Warte nicht -
wag es doch jetzt!

Du wirst dich loslassen,
einfach loslassen können!

Pfeilworte

Pfeilworte
zornig geschleudert
treffen nicht den
der sie auffängt
mit Worten wie Pfeile

unter der Haut
aber fangen sie an
dich
und mich
zu vergiften

Termine - Übertermine

Kalender,
Termine, Übertermine!
ich sehe Rot!

Wie soll ich die,
in nur dieser Zeit
bewältigen?

Vielleicht ließen sich
einige Termine
verschieben?

Ich werde
etliche Übertermine
streichen!

Grün in Sicht!

U.Schmidt 97

Morgens ab acht

Kunstdunst
am blaßblauen Himmel.

Kreuz und quer ziehen
Silberköpfchen kurssichere Bahnen.

Nur ahnen kann ich
die Herkunft - das Ziel.

Viel bleibt zu träumen
zwischen hellschäumenden Wiesen.

Hoch über diesen breiten sich
ungezähmte Weißschleier aus:

Kunstdunst
am blaßblauen Himmel!

Daraus hat der Wind
- morgens ab acht -

Streifen - Federwölkchen gemacht.

Am Meer

Du,
dein Kuß
schmeckt wie Badewasser
so aromatisch, sonnenwarm, weich ...

Ich
habe Wacholderbeeren
gegessen von mannshohen
Sträuchern am Ägäischen Meer

MEHR!

U. Schmidt

Vulkaninsel

Subtropische Duftluft
großer Vulkan

Höllenfeuer
du fachst es an

knisterndes Feuer
ich lösch es nicht aus

noch wohnen Liebe
und Wärme im Haus

Spuren

Im feuchten Sand
am Meeresstrand
Spuren

Nur Kurz-Geschichten
dann wieder fort
Spuren

Vermischt vom Gehen
verwischt vom Wehen
Spuren

Gelöscht von Wellen -
Schwämmen und Schaum
Spuren

Doch neu und frisch
am Meeressaum
Spuren

Wolkenspiel

Der Tag erwacht
weißgrauschwarz und sacht.

Wolkenkulissen mit Baumsilhouetten -
Vorhang aus zartestem Nebelzug.
Genug!

Doch riesengroße Wolkenwände
drängen sich vor.

Regen fällt -
nimmt er kein Ende?

Da läuten Schellen
im Wiesental.

Ob nun der erste Akt beginnt,
das Dunkel zerrinnt?

Sonne guckt aus dem Wolkengrau,
hebt leis den Vorhang.
Schau:

Berge, Täler mit Dörfern, Wiesen, Herden ...
Sommerwarm solls werden!

Der Tag erwacht
hellsauber und sacht.

Falbgold

Falbgold glänzt sie
im Sonnenlicht
auf meiner gelben Liege

und träumt,
so wohlig ausgestreckt,
es landet keine Fliege.

Der schönste Sommersonnenplatz
ist heute morgen
für - die Katz.

Traumurlaub - geschenkt

Ferien - lange ersehnt,
endlich da,
greifbar, erfahrbar, Wirklichkeit,
ich nehme sie an voll Dankbarkeit.

Und die Sonne, sie scheint,
scheint überall.
Wir sind von der Sonne verwöhnt,
doch alles, was lebt, bald schon stöhnt:

„Diese Hitze, ich schwitze ...
dann lieber Regen!“
Ozonwerte steigen, wenig bewegen!
Gewitter - sehr selten - sie bringen kaum Naß.

Soviel Sonne im Sommer,
das ist kein Spaß.
Die Sträucher vertrocknen, gelb wird der Rasen,
schnell welken die Blumen in Kübeln und Vasen.

Viel Sonne, viel Wärme -
welch eine Freude
für den, der dieses Jahr denkt:
Endlich bekomm' ich meinen Traumurlaub
ganz nah (zu Hause) geschenkt!

Mond - Silbermond

Der hinterm Berge thront,
der aus den Wolken flieht,
der über Täler zieht.

Mond - Silbermond,
der hinter Bäumen thront,
der über Wiesen huscht,
der sich im Stausee duscht.

Mond - Silbermond,
der hinterm Hause thront,,
der durch den Vorhang lugt,
der Silberschatten spukt.

Mond - Silbermond ...

Großeltern sein

Sechs Wochen lang
Großfamilie geprobt. -

Durchs Telefon
hört sich <Oma> und <Opa>
auch zauberhaft an.

Und Kritzelbriefe
erfreuen Auge und Herz.

Doch die nächste Vorstellung
ist schon geplant.

Wir können sie wirklich
kaum erwarten!

Aber vorher -
auf Wiedersehen in Paris!

Gauklerwesen

Zarte Wesen im Gras
unter dem gelben Baum -
darf ich nicht zertreten,
nur - anschaun.

Falten ihre Flügel -
schwarz und weiß und rot -
edle kleine Wesen
saugen Früchtebrot.

Wenn Sie dann entschweben,
weiß der Wind wohin.
Schöne Gauklerwesen
sagt mir, wer ich bin!

Abschiedsbriefe

Zarte Krikel-Krakelnetze
sind an Gräsern
aufgespannt -

Feine Krikel-Krakelnetze
wie von
Zauberhand.

Weiße Krikel-Krakelfäden
weben winzigkleine
Spinnen -

Schreiben Sommerabschiedsbriefe
Herbst wird bald
beginnen.

Er Sie ES

Verliebt
sehr verliebt
sich lieben
beim Video en passant -
- und dann?

Zerstritten
sehr zerstritten
sich versöhnen
sich und ES annehmen.

Geliebt
zärtlich geliebt
fallen und schweben -
an einer blauen Decke weben

Parkblaues

Ich suche das Blau,
und finde es kaum,
der Sommer ist vorbei.

Nicht mal der Himmel
färbt sich blau,
weiß-grau die Mischerei.

Doch da gibt's noch
ein Blau zu sehn
am späten Brombeerstrauch.

Holunderbeeren
sinken hin
blauschwarz im Nebelhauch.

Dort leuchtet's plötzlich
sommerblau,
ich ändere meinen Schritt.

Gefoppt - umsonst das Tempo! -
schau
ein <Tempo> - Folienstück!

Jetzt seh ich aber
Blau in Blau:
Hellblau und Dunkelblau

Verwaschnes Blau
und Blau wie neu
totale Blauerei.

Und das im Park,
im Park beim Schloß!
Was ist denn hier geschehn ?

Pärchen in Jeans,
so froh und frei,
hab' doch Parkblaues gesehn!

Hagebutten

Feuerrote
Hagebutten
wollen uns den
Herbst verzaubern -

locken glänzend
reif am Strauch,
leuchten auch
im Nebelhauch

Herbst ist doch

Kalte Nächte
warme Tage -
Bleibt der Sommer
noch?

Reife Früchte
an den Bäumen
zeigen Herbst ist
doch!

Herbstwald

Feucht und kalt
ist's im herbstlichen Wald.

Schuhe versinken in Gras und Moos -
Pilzauswahl - echt - riesengroß,

doch wenig zu genießen,
sie sollten zeitig sprießen!

Tannen fangen lose Blätter,
schmücken sich - bei Regenwetter.

Im herbstlichen Wald
ist's bunt und feuchtkalt.

M. Schmidt 97

Oktoberniesel

Niesel, grauer Nieselregen
nieselt auf uns nieder.
Kopf gesenkt und Stirne kraus,
lieber bliebe ich zu Haus!
Niesel, grauer Nieselregen.

Niesel, feiner Nieselregen
fällt ganz leis herab.
Tröpfchen schimmern zart wie Glas,
hängen überall im Gras.
Niesel, feiner Nieselregen.

Niesel, kühler Nieselregen
liegt auf Haut und Fell,
biegt die dünnen Spinnenweben,
läßt vieltausend Perlen schweben.
Niesele, kühler Nieselregen!

Der Geburtstag in den späten Jahren

Dein Geburtstag
wird heute fröhlich
gefeiert oder nur bedauernd
begangen?

Wegen der
Jahre, der vielen,
mein ich, bist du
traurig?

Sei stolz!
Sammle die Jahre
mit größtem Vergnügen und -
feiere!

Und säe neu

Wenn dich
die eigene Ohnmacht zwingt,
Abschied zu nehmen
von manchem, das dir überwichtig schien,
ergreif die Chance,
sie birgt auch Neubeginn!

Beginn bei dir -
laß viele andere stehn,
sie haben oft genug
zu deinem Leid geschwiegen.
Denk jetzt an dich,
die Zeit ist da,

fahr deine Ernte ein,
die reich und wunderbar
und säe neu -
nur auf ein anderes Feld,
und glücklich sei
in deiner kleinen Welt!

U. Schmidt 97

Dunkel muß nicht dunkel sein

Licht strahlt
in finsterster Nacht.

Es erhellt auch
den schwärzesten Tag.

Liebe, Wärme, Frieden,
Güte, Freude, Brot

lassen Dunkel
hell erscheinen,

werden heilen,
lindern Not.

Dunkel muß nicht
dunkel sein!

Dunkel muß nicht
dunkel bleiben!

Ein schwarzkleines Nest

Ein schwarzkleines Nest
im großschwarzen Baum -
Frühlingssehnsucht
und Sommernachtstraum

Zum Licht empor

Auf einmal ist sie da,
die Stunde X.
Dein ganzer Lebensweg
zerfließt in hellem Licht.

Nicht scheint jetzt mehr wichtig,
was den Tag bestimmt,
wichtig nur der Geist,
der sich Flügel nimmt

und in ungeahnte Höhen
schwebt zu Gott empor.
Schöner Schmetterling,
flieg zum Himmelstor!

Schnee wie Puderzucker

Schnee wie Puderzucker
über modrigem Laub.
Eiskalter Nordwind
pfeift ins Gesicht.
Trotzdem Kinderlachen!

Kein Vogel singt in
laublosen Bäumen.
Grauschwarz und schweigend
schleicht die Dämmrung herbei.

Wohliger Rauchduft
steigt aus neuen Häusern.
Bald werden hinter den Fenstern
Adventskerzen scheinen.

Noch ist Endstimmung.
Doch Schnee wie Puderzucker
über modrigem Laub
zeigt erhellendes Licht,
das die Weihnacht uns bringt.

Weihnachten

Geweihte Nacht -
hast du's bedacht,
bedacht bei all dem Schenken?

Geweihte Nacht -
hast du bedacht,
auch niemanden zu kränken?

Geweihte Nacht -
weißt du's noch heut'?
Noch heut' nach all den Jahren?

Ja, Christus ist's -
er wurde Mensch,
ein Kind - du sollst es wagen,

einzugestehn, daß du
noch glaubst,
noch glaubst an dieses Wunder!

O komm, werd still
und denke nach!
Freu dich und geh nicht unter!

Nicht untergeh
in dieser Welt,
die gern dich möcht betören!

Du mußt und willst
viel' schöne Ding'
ganz einfach überhören,

damit das Wirkliche
wird laut,
wird laut in deinem Herzen.

Nur wer noch dieses
Wunder schaut,
dem brennen Weihnachtskerzen!